MINISTÈRE DE L'INSTRUCTION PUBLIQUE

MÉMOIRE

SUR

LE DROIT D'ASSOCIATION

PAR M. BRY

MEMBRE DE LA SOCIÉTÉ D'ÉCONOMIE POLITIQUE DE PARIS

PROFESSEUR À LA FACULTÉ DE DROIT DE L'UNIVERSITÉ D'AIX-MARSEILLE

CORRESPONDANT DU MINISTÈRE

Extrait du *Bulletin des sciences économiques et sociales du Comité des travaux historiques et scientifiques*, année 1897)

PARIS

IMPRIMERIE NATIONALE

M DCCC XCVII

MINISTÈRE DE L'INSTRUCTION PUBLIQUE

MÉMOIRE

SUR

LE DROIT D'ASSOCIATION

PAR M. BRY

MEMBRE DE LA SOCIÉTÉ D'ÉCONOMIE POLITIQUE DE PARIS
PROFESSEUR À LA FACULTÉ DE DROIT DE L'UNIVERSITÉ D'AIX-MARSEILLE
CORRESPONDANT DU MINISTÈRE

Extrait du *Bulletin des sciences économiques et sociales du Comité des travaux historiques et scientifiques*, année 1897)

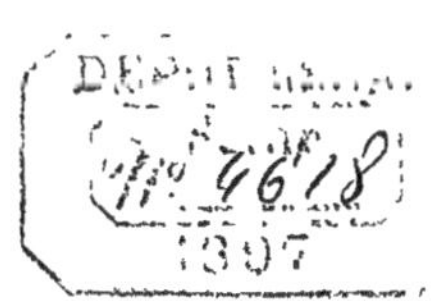

PARIS

IMPRIMERIE NATIONALE

M DCCC XCVII

MÉMOIRE

SUR

LE DROIT D'ASSOCIATION.

L'évolution économique de nos sociétés modernes nous éloigne à la fois de l'isolement, qui rappelle un état primitif et sauvage, et de l'association fermée et oppressive, née d'un régime de contrainte et de despotisme. Elle nous montre le progrès véritable dans le principe de l'association libre et volontaire combiné avec l'énergie et la moralité de la puissance individuelle. C'est en s'inspirant de cette idée que M. Anatole Leroy-Beaulieu écrivait naguère : «De toutes les lois, de toutes les réformes réclamées par la France contemporaine, si l'on me demandait quelle est la plus urgente et la plus importante, je répondrais sans hésiter : c'est une loi sur la liberté d'association [1]. »

La question soumise à notre examen est née de la même pensée, puisqu'elle nous parle du droit d'association et nous invite à en préciser les conditions et les limites pour le concilier avec l'ordre social et la liberté individuelle. Elle m'indique le plan bien simple de mon étude : 1° du droit d'association dans son principe et ses conditions d'existence; 2° de ses rapports avec l'ordre social et les droits de l'État; 3° de ses rapports avec les droits et la liberté de l'individu.

1° Du droit d'association dans son principe et ses conditions d'existence.
— Il existe une distinction toujours sous-entendue lorsqu'on parle de droit et de liberté d'association, c'est celle qui sépare les sociétés nécessaires des sociétés volontaires. L'ordre naturel des choses établit, en effet, une communauté entre tous les concitoyens dans la patrie, et entre tous les parents dans la famille. La société domestique est nécessaire, de nécessité physique, car elle est le moyen naturel pour conserver et développer l'espèce humaine; la société politique est nécessaire, de nécessité morale, puisqu'elle garantit à ses membres la sécurité matérielle et protège leurs biens et leurs intérêts temporels.

Mais ces sociétés nécessaires sont loin de satisfaire à tous les besoins et d'absorber toute l'activité des individus: elles laissent un vaste champ d'application pour les forces, la fortune et le dévouement de chacun dans des associations volontaires, formées en dehors de tout esprit de spéculation ou de bénéfices à réaliser. Ce but est celui des sociétés proprement dites,

---

[1] *Revue des Deux-Mondes,* 1ᵉʳ mars 1892, la Papauté et la Démocratie.

commerciales ou civiles, qui ont déjà leur législation spéciale. C'est aux
groupements constitués en vue d'intérêts d'ordre intellectuel, moral ou économique que s'applique cette formule si souvent répétée : *le droit d'association*.

Ce droit trouve également sa base et sa raison d'être dans la nature.
L'association libre ne s'impose pas au même titre que la famille ou l'État,
mais elle est inhérente à la nature humaine, dont le progrès normal serait
arrêté dans son développement et sa perfection, sans le groupement des
aptitudes variées, des facultés différentes que chaque homme possède et ne
peut seul utiliser. Que de lacunes nous présentent les qualités parfois émi-
nentes d'un seul être! Que de fois l'isolement a fait naître l'inertie et le dé-
couragement et a rendu stériles des dons qu'une influence extérieure, une
alliance bienfaisante aurait fait fructifier et épanouir! L'association permet
de concentrer l'énergie de chacun sur un point de l'œuvre commune; elle
féconde les intelligences et fortifie les volontés par le contact avec d'autres
intelligences et d'autres volontés. Il naît, de l'échange d'idées, de la com-
munication des esprits et des âmes, une puissance qui double l'énergie et
le dévouement en vue d'un but commun. L'association est féconde et créatrice, et ses différents degrés échelonnent les mondes en de magnifiques
hiérarchies qui se complètent harmonieusement. Adam Smith a su préciser
et mettre en relief la puissance de la division du travail; le principe de la
multiplication l'une par l'autre des forces associées n'est pas moins utile ni
moins efficace.

La sociologie ne peut rester indifférente à ce phénomène d'union dont
la science contemporaine nous montre partout l'influence dans la physique,
dans la chimie, dans la biologie. Les «simples» se transforment par l'association.

C'est donc la loi naturelle qui inspire à la volonté de l'homme le fait
libre de l'association, dont l'efficacité merveilleuse apparaît en face de l'individu isolé, impuissant à se procurer tout ce qu'exigent ses intérêts et ses
aspirations. En usant de ce droit, l'homme obéit à une tendance, à une vo-
cation de sa nature, à un besoin essentiel de perfectionner son être. L'association, c'est une extension de l'individu, c'est la faculté de faire collective-
ment ce que l'on a le droit de faire individuellement. Les libertés individuelles
ne sont que des libertés incomplètes et souvent illusoires sans la liberté
d'association. Elle est presque aussi primordiale et inaliénable que la liberté
individuelle. Quelle que soit la fin de l'association, sublime ou modeste,
intéressée ou dévouée, elle tend toujours à féconder et à compléter les libertés premières et fondamentales, et à réaliser le principe de solidarité,
en le traduisant en règles de droit et en facilitant son application.

Le droit d'association doit être, en effet, général, et ne comporter aucune
différence dans son principe et ses conditions essentielles d'existence, suivant le but que se propose chaque association, suivant le nom qu'il lui a

plu de revêtir : associations politiques ou religieuses, congrégations ou confréries, sociétés pour encourager les sciences, les lettres ou les beaux-arts, pour contribuer au soulagement de quelques-unes des misères qui affligent nos sociétés humaines. L'idée moderne du droit ne peut se comprendre sans la liberté et l'égalité pour tous; toute association, dont le but est honnête et moral, a le droit de naître et de vivre. Je lis, dans l'exposé des motifs d'un projet de loi déposé au nom du gouvernement, le 5 juin 1888 : «On s'est divisé sur le point de savoir si la loi à établir embrasserait toutes les associations, ou si elle s'appliquerait uniquement aux associations laïques, en laissant vivre les lois qui régissent actuellement les congrégations reconnues et prohibant les congrégations non reconnues. Nous nous prononçons, quant à nous, pour une législation unique, et la loi que nous vous proposons n'est pas seulement une loi de liberté, mais une loi d'égalité [1]. » J'ajoute qu'il est plus utile et plus digne de préférer, à une tolérance qui ferme les yeux, le droit commun qui assujettit toutes les associations à ses règles, et que le respect de la liberté d'autrui est la sauvegarde de notre propre liberté.

Mais quelles sont les conditions essentielles de naissance et de vie qu'il faut reconnaître aux associations? Je puis me dispenser d'exposer longuement les principes anciens et actuels de nos lois en matière d'association; ils sont connus de tous.

Un simple résumé suffira pour permettre de comparer ce qui est avec ce qui devrait être.

Dans le très ancien droit français, les associations pouvaient se constituer sans autorisation du roi et avoir un patrimoine. A partir du xvie siècle, l'association non autorisée constitue le crime d'*assemblée illicite ;* on le range parmi les crimes de lèse-majesté. L'association autorisée avait la pleine capacité civile; on ne connaissait pas de situation intermédiaire entre la prohibition et ce que nous appelons la reconnaissance d'utilité publique.

Notre droit actuel est moins uniforme et nous oblige à faire une triple distinction. Les associations de malfaiteurs, les sociétés secrètes, celles qui comprenant plus de vingt personnes ont des réunions et sont dépourvues de l'autorisation préfectorale, sont illicites; les associations où l'on ne se réunit pas, celles qui comptent moins de vingt membres ou qui sont munies d'une autorisation préfectorale, celles dont les membres habitent sous le même toit, les associations formées en vue de l'enseignement primaire, secondaire et supérieur, sont licites, mais elles ne peuvent posséder, avoir un patrimoine que si elles sont reconnues comme établissements d'utilité publique. (Art. 292 et suiv. du Code pénal, lois du 10 avril 1834, du 15 mars 1850, du 12 juillet 1872.) L'association *autorisée* existe aux yeux de la loi pénale, elle n'existe pas civilement; elle a pu naître, elle n'a pas les moyens de

---

[1] *Journal officiel*, doc. parlem., Chambre, 1888, p. 711, Ann. 2740.

vivre. D'après l'opinion presque unanime de la doctrine et des arrêts, le droit privé ne reconnaît pas le contrat d'association; les engagements des associés n'ont aucune valeur, toute acquisition est impossible et l'on ne tient même pas compte de l'individualité des associés qui, pour ce cas, constituerait l'interposition d'une personne fictive que la loi ne reconnaît pas. La jurisprudence, mise en contact avec les faits, n'a pas toujours osé tirer les conséquences de ces prémisses; ses décisions sont souvent incohérentes et ne montrent pas cette unité et cette logique que commanderait l'application d'un principe entièrement conforme au bon sens et à la justice.

Que doit donc faire une loi nouvelle consacrant une liberté naturelle? Toute association dont le but est honnête et moral a le droit de naître par la seule volonté de ses fondateurs, sans aucune autorisation préalable et sans pouvoir être dissoute autrement qu'en vertu d'un jugement rendu par les tribunaux ordinaires.

Il ne suffit pas à l'association de naître, de ne plus constituer, en se formant, un fait délictueux, il faut lui donner les moyens de vivre, lui faire sa place dans les cadres de la vie civile. On peut, pour atteindre ce but, se placer en face d'un double point de vue. Le premier vous fera considérer, d'une part, l'*association ordinaire*, désignant uniquement l'ensemble des associés considérés sous le rapport de leurs intérêts collectifs, mais sans former une personnalité civile distincte, et, d'autre part, l'*association reconnue comme établissement d'utilité publique*, formant un être de raison, avec une individualité morale qu'un acte de la puissance publique accorde aux sociétés qui ont fait leurs preuves et se recommandent par leur caractère d'intérêt général. C'est la pratique suivie en Angleterre. Dans ce pays où l'association se multiplie sous des formes si diverses, tant qu'elle est à l'état de simple société volontaire, elle vit comme elle veut et trouve les moyens de vivre dans les lois de droit commun; les associés ont une pleine capacité civile, indépendamment de toute autorisation administrative ou judiciaire. Mais si l'association veut agir et acquérir en son nom, constituer un être juridique distinct de ses membres, elle demande une charte d'incorporation, un enregistrement pour lequel est préposé un fonctionnaire spécial. Les droits des associés se conçoivent fort bien sans qu'il soit nécessaire de les faire reposer sur un être de raison, et ils peuvent, par des conventions particulières, combiner leurs relations entre eux et avec la collectivité.

Le second point de vue nous permet de voir une personnalité qui surgit naturellement du sein même de l'association, du but qu'elle poursuit, de la communauté d'intérêts qu'elle fait naître; personnalité restreinte ne pouvant s'étendre au delà de certaines limites, mais qui, avec cette nature même, permet d'éviter bien des difficultés pratiques. La loi du 21 mars 1884, relative aux syndicats professionnels, a tenu compte de cette personnalité. C'est aujourd'hui une loi de privilège et d'exception; on peut en faire le droit commun de toute association. Voici, en quelques mots, son économie générale. Les syndicats naissent librement et sans autorisation; ils ont une personnalité restreinte, sans que l'État ait besoin de les reconnaître comme établissements d'utilité publique; ils peuvent contracter, acquérir, ester en justice, mais ils ne peuvent posséder d'autres immeubles que ceux qui sont nécessaires à leurs réunions, à leur bibliothèque, à des cours d'instruction professionnelle. Pourquoi ne pas reconnaître aux associations dont les membres ont en vue les intérêts supérieurs de la science, le culte des beaux-arts ou le soulagement de toutes les infortunes humaines, des droits que l'on ne refuse pas aux groupements destinés à la satisfaction des intérêts industriels et commerciaux? Les faits ont une telle puissance que, sous l'empire même de notre législation prohibitive, la Cour suprême, s'attribuant le rôle du préteur romain, n'a pas craint de reconnaître une personnalité à de simples associations. Cette personnalité restreinte serait nettement déterminée par le but de l'association qui n'est, dans ce cas, qu'une personne morale privée. Mais une loi spéciale ou un décret rendu en Conseil d'État pourrait toujours reconnaître l'utilité générale de certaines associations, étendre leurs droits, agrandir leur domaine, en faire des personnes morales publiques.

Quel que soit le point de vue auquel on s'arrête, il faudra toujours accorder à l'association les moyens de réaliser la fin qu'elle poursuit. Une liberté ne peut être réelle, créatrice et féconde, qu'à la condition de ne pas trouver chez ceux qui veulent la reconnaître une défiance de nature à la compromettre ou à en détruire les effets.

2° *Rapports de la liberté d'association avec l'ordre social et les droits de l'État.* — Cette défiance, dont je viens de prononcer le mot, a été le véritable obstacle au triomphe du droit d'association; elle s'inspire de traditions anciennes, intimement liées à la conception de notre droit public. Il faut savoir, en effet, éviter un double écueil, toutes les fois qu'on veut mettre en balance les libertés individuelles ou collectives et les droits de l'État, garant de l'ordre social. Le pouvoir central ne doit rien perdre de son prestige et de sa force, afin de sauvegarder les intérêts généraux et les droits de chacun contre les abus de la liberté. Mais il ne faut pas exagérer, en sens contraire, la souveraineté de l'État pour lui permettre de tout absorber et de ne jamais souffrir à côté de lui des organisations pouvant se livrer à des entreprises dont il prétendrait se réserver le monopole. Des individus isolés ne gênent guère la souveraineté absolue; l'association, par sa puissance, est une entrave pour une autorité sans limites. Le crime des chrétiens sous les Césars romains, des protestants sous Louis XIV, n'était-il pas de s'être organisés en sociétés particulières sans l'intervention de l'État? Quelle influence a exercée sur certains esprits cette formule : un État dans l'État. L'association volontaire, résultat de l'entente et de la persuasion, ne peut en rien ressembler à l'État qui exerce le pouvoir coercitif. Il n'y aurait un État dans l'État que si l'autorité suprême avait l'imprudence de déléguer son pouvoir à une association. Un gouvernement démocratique, ferme et prévoyant, ne peut chercher à comprimer l'activité des citoyens, pour ne considérer comme légitime et bienfaisante que sa seule activité. En s'appuyant sur ce qui résiste, en tirant sa force du groupement des actions individuelles, il va au-devant de ses intérêts et déduit les conséquences logiques de son principe. Les associations qui se produisent au grand jour, dont l'organisation permet de donner à leurs membres de sérieux avantages, ne sont pas des éléments de révolution. Elles s'intéressent au maintien de l'ordre établi et constituent le meilleur apprentissage de la vie publique, en habituant leurs membres à ne pas séparer leurs intérêts de l'intérêt des autres et en secouant la torpeur de ceux qui attendent tout du gouvernement, sans songer à l'aider dans sa tâche par une participation constante et éclairée.

L'ordre social ne se refuse nullement à ce que les pouvoirs publics reconnaissent enfin la liberté d'association. C'est un principe à protéger, un intérêt vital à satisfaire, j'ajouterai un devoir civique à faciliter. Que l'État renonce donc à faire dépendre ce droit de son bon plaisir; il ne doit résulter que de la seule volonté des individus. Mais l'État ne doit pas se désintéresser des associations créées sans son intervention, et il a le devoir d'exiger qu'elles se révèlent à lui.

La publicité est le premier moyen de garantir l'ordre social contre certains abus pouvant résulter de la liberté d'association. Le dépôt des statuts, avec l'indication du nom et du siège de l'association, permet d'apprécier son but et de contrôler ses moyens d'action. La déclaration du nom des fondateurs et administrateurs constitue une responsabilité efficace pour tous les actes de la vie civile comme dans le cas d'infraction aux lois de l'État. Et si l'on ajoutait la publication du bilan financier annuel, on préviendrait toute malversation, tout emploi de fonds non prévu par les statuts. Cette publicité n'est pas contraire au principe d'une pleine liberté qui appelle une pleine lumière; elle constitue l'état civil de l'association qui vient de naître, empêche qu'on ne la détourne de son but véritable et donne au pouvoir une arme efficace pour combattre l'un des ennemis les plus redoutables de l'ordre social : la société secrète. Toute association dont le but est licite peut se soumettre à ces conditions de publicité et se séparer ainsi nettement des sociétés qui tiennent à s'entourer du mystère pour une fin inavouable. La loi du 21 mars 1884 a exigé des conditions de publicité, et les procès contre les syndicats qui refusaient de se plier à la loi ont prouvé l'importance de cette garantie.

Un danger, qu'il importe de prévenir, peut résulter de l'accumulation de biens immobiliers formant au profit de certaines associations une mainmorte considérable. Il faut limiter, sous ce rapport, le droit d'acquérir aux immeubles nécessaires au but poursuivi. Cette limite s'impose autant dans l'intérêt général que pour protéger l'association elle-même contre ses propres entraînements. Cette propriété, se perpétuant dans les mêmes mains, pouvant augmenter sans cesse, doit être restreinte dans un intérêt économique et social. Les syndicats professionnels qui peuvent contracter et acquérir, recevoir des dons et legs mobiliers [1], ne peuvent posséder que les immeubles indispensables au but qu'ils se proposent. La loi de 1884 existe depuis douze ans; elle est comme la première assise du droit d'association; elle peut servir à nous guider dans la recherche d'une législation commune respectant tous les droits et tous les intérêts. Les associations reconnues comme établissements d'utilité publique pourraient seules être autorisées à posséder un domaine immobilier plus étendu. (Art. 900, Code civil.)

Si j'ajoute que l'association ne pourra recevoir de libéralités testamentaires qu'à titre particulier et des donations avec réserve d'usufruit, qu'elle ne pourra faire partie d'aucune société de gains ou de pertes, j'aurai précisé les restrictions destinées à prévenir une accumulation exagérée de richesses qui pourrait lui faire oublier son but moral et désintéressé.

La publicité de l'association et la limite imposée à son patrimoine sont les deux moyens préventifs nécessaires à la garantie de l'ordre social. Faut-il aller plus loin sous le rapport des mesures préventives? Il est bien évident que si une société, en vertu même de ses statuts organiques, poursuivait une fin en opposition flagrante avec la probité, avec la justice, avec la sécurité de l'État, l'autorité judiciaire, qui pourrait la dissoudre au lendemain de sa naissance, aurait le droit d'en empêcher la constitution. Mais les fondateurs d'une association n'iront point ainsi d'eux-mêmes, par une disposition de leurs statuts, au-devant d'une interdiction. C'est à l'œuvre qu'on pourra la juger. Or l'État ne sera jamais désarmé en face d'une association illicite. Le Code pénal, dans ses articles 265 et 89, ne frappe-t-il pas déjà de peines sévères les associations de malfaiteurs contre les personnes et les propriétés, les complots qui ont pour but de renverser le gouvernement et l'ordre établi?

On a songé parfois à défendre aux étrangers de former en France des associations. Mais peut-on leur enlever l'exercice d'un droit naturel, et une telle défense n'exposerait-elle pas nos concitoyens établis dans d'autres pays à des représailles dommageables pour nos intérêts? Une société charitable dont le but est de secourir des compatriotes pauvres ou malades,

[1] Les auteurs sont à peu près unanimes pour reconnaître que la loi de 1884 permet aux syndicats, par l'ensemble même de ses dispositions, de recevoir des dons et legs mobiliers. Cependant le Conseil d'État a exprimé des avis contraires (avis des 30 juillet 1891, 25 janvier 1893). Un projet de loi, ayant pour but d'étendre le patrimoine corporatif, même immobilier des syndicats, a été déposé à la Chambre le 5 février 1895.

des associations scientifiques, littéraires ou artistiques, recevant des savants ou des artistes étrangers, constituent-elles un danger pour l'ordre social et doivent-elles disparaître ou solliciter l'autorisation administrative? Une mesure préventive me paraîtrait excessive et inutile. L'économie générale d'une loi de liberté ne peut indiquer d'autres restrictions que celles qui seraient justifiées par le péril même. En dehors des dispositions répressives du droit commun, l'autorité publique demeure, d'ailleurs, toujours armée du droit d'expulsion contre des étrangers dont l'action est contraire aux intérêts du pays.

Il importe toutefois de ne pas négliger ici cette remarque importante qui répond à une préoccupation récente des pouvoirs publics. Une loi générale sur la liberté d'association n'impliquerait nullement l'abrogation des lois spéciales qui régissent des situations particulières. La loi sur les syndicats professionnels, par exemple, garderait son domaine avec son étendue et ses limites. Le droit d'association, en prenant ce mot dans son sens large, serait à la portée de tous, mais le droit de constituer un syndicat proprement dit se trouverait limité au profit des patrons et des ouvriers, ou tout au moins de ceux dont la profession n'est pas soumise à une organisation déjà prévue par des lois organiques. Les *avocats*, les *officiers ministériels* ne peuvent se syndiquer, puisque leurs corporations sont régies par des dispositions spéciales. Les *fonctionnaires publics* de tous ordres n'ont pas le droit de former des syndicats professionnels, à raison de l'esprit général de notre droit ou des règlements qui s'adressent à la profession. Le syndicat, c'est la coalition permanente pour la défense des intérêts communs; or on sait qu'en cette matière la défense et l'attaque sont souvent synonymes. Permettre, sous le couvert d'une telle coalition, de critiquer les décisions prises par des supérieurs, de censurer les délibérations émanées des conseils légalement institués pour représenter la profession, ne serait-ce pas consacrer le renversement des notions les plus élémentaires d'administration et de gouvernement, la négation de toute discipline et de toute subordination hiérarchique dans les fonctions publiques? Le législateur de 1810 l'avait bien compris lorsqu'il défendait, dans l'article 123 du Code pénal «tout concert de mesures contraires aux lois pratiquées soit par la réunion d'individus ou de corps dépositaires de quelque partie de l'autorité publique, soit par députation ou par correspondance entre eux»; lorsqu'il punissait, dans l'article 126 du même code, «les fonctionnaires publics qui auront, par délibération, arrêté de donner des démissions dont l'objet et l'effet seraient d'empêcher ou de suspendre soit l'administration de la justice, soit l'accomplissement d'un service quelconque». Ces textes semblent bien démontrer que les fonctionnaires ne peuvent, à ce titre, se coaliser soit d'une façon temporaire, soit d'une façon permanente par le syndicat professionnel. Doivent-ils donc rester en dehors du droit d'association et d'une loi de liberté qui les reconnaîtrait? Nullement. Il existe, dans tous les pays, des sociétés coopératives pour les armées de terre et de mer et il y a bien peu de fonctionnaires qui n'appartiennent déjà à une société scientifique, littéraire ou de bienfaisance. Mais il y a loin de ces associations, dont le but est nettement déterminé, à ces syndicats professionnels de fonctionnaires, ayant souvent, comme les autres, leurs meneurs et leur patronage politique, et constituant un véritable danger pour le respect de l'autorité et de la discipline sociale.

Si les lois spéciales deviennent ainsi par elles-mêmes un fondement de l'action préventive, il n'en est pas moins vrai que cette action doit être, dans une loi générale de liberté, renfermée dans d'étroites limites. Mais l'action répressive, en face des abus de la liberté, de la violation des articles de la loi ou des dispositions générales de notre droit, ne peut qu'être vigilante et toujours active. Plus la liberté sera largement et loyalement accordée, plus l'autorité doit se faire sentir pour en réprimer les excès. L'ordre social est engagé dans ce respect de la loi par les associations, quels que soient leur caractère et leur but.

L'association peut être un bienfait pour un pays, mais elle peut devenir une arme redoutable par l'action combinée d'hommes unis ensemble pour violer les lois de la justice et de la morale. Elle peut offrir un abri commode, une ombre propice pour la préparation d'actes délictueux. Mais les abus que l'on peut craindre doivent seulement, sans déterminer une atteinte au principe de liberté, être réprimés par des dispositions pénales que l'autorité a le devoir de ne jamais laisser tomber en désuétude. Lorsqu'un abus est actuel et préoccupe vivement les esprits, on est tenté de méconnaître le droit qui lui a servi de prétexte et de ruiner un principe à raison d'une conséquence funeste. Un législateur éclairé doit se mettre au-dessus des circonstances pour voir l'ensemble des institutions et ne pas sacrifier des avantages considérables à un inconvénient passager, et peut-être l'avenir d'un pays à une crise présente.

Les peines encourues et la dissolution méritée ne doivent jamais être prononcées que par les tribunaux de droit commun, à l'exclusion de toute ingérence administrative, de toute mesure d'expulsion violente. La liberté et le droit s'opposent à des actes de cette nature; la justice et la raison veulent qu'on s'attaque au délit, mais non au principe même de l'association.

3° *Rapport du droit d'association avec la liberté et les droits de l'individu.* — Au xvii° siècle, Leibnitz avait mis en lumière cette vérité précieuse et sacrée : l'individu est à la fois *principe* et *fin;* tout part de lui, tout doit aboutir à lui. Mais il l'avait, en même temps, considéré comme *moyen* unique; pour lui, l'association était stérile; c'était l'individualisme absolu, et l'idée de Leibnitz a contribué, sous ce dernier rapport, à fausser l'idée des temps modernes. Plus tard, la philosophie du xviii° siècle trouve sa justification et sa raison d'être dans la définition du principe du droit, reposant sur la valeur absolue de l'homme, maître de ses pensées et de ses actes. «L'homme, dit Kant, existe comme fin en soi; il a droit au respect dans l'usage qu'il fait de sa volonté libre.» Fichte et Guillaume de Humboldt, partant de cette conception philosophique, voudront également considérer l'individu comme l'unique moteur du progrès social.

C'est sous l'empire de ces idées que fut faite la déclaration des droits de l'homme et que s'élabora notre législation au début de ce siècle. La déclaration de 1791 proclame que l'homme a, comme tel, des prérogatives antérieures aux lois humaines, des droits supérieurs à toute autorité et qui doivent être le but et la fin des institutions politiques. Le droit individuel est absolu et souverain; il a comme conséquence l'inviolabilité de la personne, la propriété pleine et entière, corollaire de la liberté individuelle. Le droit collectif de l'État ne trouvera sa légitimité que dans le droit de l'individu, et Bastiat pourra dire : «La loi est uniquement l'organisation du droit individuel préexistant de légitime défense [1].»

La pensée de Leibnitz sur l'individu, considéré comme principe et comme fin, n'avait pas été perdue, mais son dédain pour l'association avait fait oublier le lien de solidarité qui naît de la coexistence des individus. La législation d'alors fut si jalouse de leur indépendance qu'elle supprima tous les corps intermédiaires pour laisser l'homme en présence d'une seule force collective, l'État. Les sociétés qui existent ne peuvent avoir en vue que des bénéfices à réaliser, et les sociétés de commerce elles-mêmes ont eu de la peine à trouver leur place dans une telle organisation. Il n'y a guère que trente ans qu'elles sont affranchies de la nécessité de demander une autorisation et ce n'est que par étapes successives que des associations d'ordre intellectuel ou économique ont pu se dégager de la prohibition légale.

Mais qu'est-il arrivé? Pendant que la science et les lois revendiquaient et protégeaient les droits de l'individu, une autre doctrine venait affirmer la toute-puissance, la divinité de l'État, absorbant en lui l'homme qui n'était plus qu'un instrument sans valeur personnelle, sans droit individuel. «L'homme est sans doute fin en soi, dit Hégel, et doit être respecté comme tel, mais l'homme individuellement n'est à respecter comme tel que par l'individu et non quant à l'État, parce que l'État ou la nation est sa substance [2].» Le socialisme scientifique trouvera dans cette idée ses principaux axiomes. Il dira qu'il n'y a pas de droits mais seulement des intérêts, que l'État a la charge de tous ces intérêts, qu'il en est le régulateur naturel et suprême. Le droit individuel est ainsi menacé; des penseurs ne craignent pas de relever l'ancienne théorie de la propriété supérieure de l'État sur les biens des particuliers et de s'en servir d'appui pour réclamer la réforme

[1] Bastiat, *La Loi*, œuvres complètes, t. IV, p. 387.
[2] Hégel, *Leçons sur l'histoire de la philosophie*, t. IV, p. 392.

des droits fiscaux en matière de succession et même le rétablissement de la confiscation dans certains cas déterminés.

Ruiner la notion du droit individuel, ce serait détruire la liberté elle-même; mais il n'en est pas moins vrai que l'individualisme exagéré est une injustice et ne peut plus satisfaire les aspirations modernes. Il est non moins certain que l'absorption des individus par l'État, que le socialisme légal serait une effroyable tyrannie. Stuart Mill, qui a illustré la science économique, ne niait pas l'utilité de l'action de l'État; il ne voulait pas du «nihilisme gouvernemental», mais il s'empressait de reconnaître «l'importance de cultiver les habitudes d'action collective volontaire». La liberté d'association et la liberté individuelle sont, en effet, inséparables et, en proclamant celle-ci tout en détruisant la première, on va contre l'idéal que l'on poursuit, car on diminue la personnalité humaine en songeant à la fortifier.

La force des choses résiste, d'ailleurs, à une telle conséquence et montre que l'individu ne peut rester isolé et que l'État, pouvoir coercitif, ne peut se confondre avec la société créant sans cesse des combinaisons et des organisations variées, en vue d'une coopération libre et spontanée. Et, pour mieux peindre ces groupements multiples, rattachant les hommes les uns aux autres, certains penseurs ont créé un mot nouveau : *l'interdépendance*. On peut donc dire que le droit individuel et le droit d'association se tiennent étroitement et que ce principe du groupement volontaire ne peut nuire par lui-même à l'expansion de la liberté individuelle.

Mais n'oublions pas toutefois que si l'individu est principe et fin des actions humaines, l'association n'est qu'un moyen et ne doit pas, dans ses différentes manifestations, porter atteinte aux droits individuels.

L'association doit être indépendante de l'État et s'offrir librement aux individus, mais il faut qu'à leur tour ceux-ci soient indépendants de l'association. En les unissant, elle précisera sans doute ce que tous se doivent réciproquement, fixera l'étendue de leurs droits et de leurs obligations. Le contrat d'association doit être respecté dans toutes les clauses licites qu'il peut contenir. Mais il faut être libre de s'associer avec qui l'on veut et comme on l'entend; il faut être libre d'entrer et libre de sortir, sauf, dans ce dernier cas, à tenir envers l'association ses engagements antérieurs. Le droit de démissionner est une règle d'ordre public indépendante de toute décision contraire des statuts; c'est le moyen de prévenir les dangers de cet esprit de domination qui peut animer certaines associations.

Toute société peut prévoir dans ses règlements intérieurs des clauses d'exclusion, afin de sauvegarder son honneur qui pourrait se trouver compromis si elle maintenait dans son sein des membres indignes. Mais les droits de la personne exigent qu'une telle décision ne soit prise qu'après avoir permis à l'associé de présenter sa défense, et ce dernier pourra toujours, s'il croit la décision injuste et inique, en appeler aux tribunaux de droit commun pour obtenir la réparation du préjudice qu'il éprouve dans son honneur et ses intérêts.

L'exclusion et la démission doivent enlever à l'associé tous les droits qu'il avait dans l'association et il faudrait lui refuser la faculté de réclamer les cotisations versées et de prétendre au partage de l'actif social. Mais le payement des cotisations ou des apports promis doit le libérer entièrement à l'égard de l'association. Il ne peut, d'ailleurs, être en principe, même pendant qu'il fait partie de l'association, responsable personnellement des engagements contractés par ceux qui représentent la collectivité. Son patrimoine est distinct du patrimoine social. Ces règles, avec les conséquences qui en découlent, résultent de la personnalité civile des associations reconnues comme établissements d'utilité publique, et même de cette personnalité restreinte que la loi peut admettre en faveur de toute association.

Le principe admis au sujet des cotisations, que ne pourrait retirer l'associé exclu ou démissionnaire, doit évidemment s'appliquer même dans le cas où les cotisations, au lieu d'être recueillies annuellement, consistent en une somme unique versée au moment de l'entrée dans l'association. Je ferais toutefois une réserve au profit des personnes qui entrent dans une association où les membres vivent ensemble et qui apportent à la communauté un capital pour leur servir de dot. Les revenus sont affectés à un emploi déterminé dont a profité l'associé qui se retire et il serait contraire à l'équité et au droit de l'admettre à les répéter contre les autres associés avec lesquels il les a consommés. Mais ne serait-ce pas entraver l'exercice de la liberté individuelle que de consacrer l'aliénation définitive du capital versé dans la caisse sociale? L'associé n'aurait plus la liberté effective de se retirer de l'association s'il ne pouvait se procurer les moyens de vivre avec le capital qui constituait son apport. Toute clause de réversion ne devrait produire un effet irrévocable qu'au moment du décès de l'associé.

Si des associations de cette nature venaient à se dissoudre, il faudrait maintenir, au profit de chaque associé, le droit de reprendre les capitaux qu'il avait apportés, et, quant aux autres biens, s'il en existe, ils devraient être, comme toutes les cotisations et les apports restreints des autres sociétés, attribués à des groupements poursuivant un but identique à celui de l'association dissoute. Cette conséquence répond bien à l'idée de l'association d'ordre intellectuel, moral ou économique, ayant en vue moins l'avantage pécuniaire de ses membres qu'un intérêt général et collectif.

Cette idée est capitale et peut éclairer bien des discussions. Dans les sociétés civiles dont la durée est illimitée, chaque associé peut, aux termes de l'article 1869 du Code civil, demander la dissolution de la société, la liquidation et le partage de l'actif social; il peut notifier sa renonciation à tous les autres, pourvu que cette renonciation soit de bonne foi et non intempestive. On comprend une telle disposition pour des sociétés fondées en vue de bénéfices à réaliser ou à partager entre les associés. Elle s'applique cependant, sous l'empire de notre législation actuelle, aux associations simplement autorisées, puisqu'elle constitue une règle de droit commun ayant même un caractère d'ordre public qu'aucune clause des statuts ne peut détruire ou modifier. Ce principe se trouverait maintenu si une loi nouvelle n'admettait, en face des associations reconnues comme établissements d'utilité publique, que de simples associations volontaires, dépourvues de toute personnalité et soumises aux règles du droit commun. Est-il juste et logique de maintenir un tel résultat pour des associations dont le but est désintéressé? Les cotisations versées par les associés, les souscriptions consenties par des bienfaiteurs ont une destination spéciale et ne doivent pas servir à augmenter le patrimoine des associés qui existent au jour où il plaît à l'un d'eux de demander la dissolution et le partage de l'actif social. C'est pourquoi il vaut mieux, pour empêcher un tel effet et bien des difficultés pratiques que j'omets, reconnaître à toute association une personnalité restreinte, indépendante de l'individualité de chaque associé. Les statuts pourraient exiger, si l'association est illimitée dans sa durée, l'unanimité ou une majorité importante pour provoquer sa dissolution, et les biens devraient être attribués dans tous les cas, à des établissements de même ordre ayant un but analogue.

Ai-je tout dit pour montrer comment le droit d'association peut se concilier avec la liberté individuelle? Il serait téméraire de le penser. Je n'ai fait qu'indiquer les règles les plus essentielles, et la loi elle-même ne pourrait prétendre les prévoir toutes à l'avance. Les tribunaux sauront trouver dans le droit commun, pour des cas non prévus, des armes suffisantes en vue de la défense des droits individuels. Au lendemain de la loi du 21 mars 1884, certains syndicats, voulant accaparer la direction du travail, défendirent aux patrons, sous peine de grève, de recevoir des ouvriers qui refusaient de s'associer. La jurisprudence a vengé la liberté du travail en condamnant ces syndicats à réparer le préjudice causé aux ouvriers. On me permettra de redire, en terminant, que si la crainte des abus ne peut faire méconnaître un principe de droit, l'énergie et la constance de leur répression, pour sauvegarder l'ordre social et la liberté individuelle, ne feront que donner au principe lui-même plus de puissance et d'efficacité.

Depuis 25 ans, de nombreux projets de loi ont été déposés dans le but de consacrer la liberté d'association. Quelques-uns ne donnaient la liberté que pour la reprendre aussitôt; d'autres, heureusement inspirés de la législation anglaise, avaient essayé de concilier le triple intérêt que vous avez soumis à nos méditations. Aucun n'a pu aboutir, bien peu même ont eu l'honneur d'un commencement de discussion, et la promesse, inscrite dans la Constitution de 1848, n'a pu devenir encore une réalité. Les vieux préjugés et les passions ont empêché le triomphe des idées. Il semble que l'esprit français ne puisse se dégager des souvenirs du gouvernement absolu et parvenir à comprendre que le droit, dans toutes ses manifestations, devrait être placé en dehors et au-dessus des luttes politiques; que des lois de principe, et non de circonstance, peuvent être seules des lois fécondes et durables. Les sociétés d'économie politique, des publicistes de haut mérite ont écrit de belles pages en faveur du droit d'association. Je ne doute pas que ces influences, descendant des sphères élevées où s'élabore la science, ne modifient bientôt, sur ce point, les mœurs et la conscience publique et ne fassent démentir ces paroles d'un brillant et fin critique : « Les esprits n'ont jamais été si fermés à la notion du droit que depuis qu'il est tant question de nos droits [1]. »

[1] Brunetière, *Revue des Deux-Mondes*, 15 septembre 1883.